Einsterns Schwester 4

Themenheft 1
Sprache untersuchen

Herausgegeben von
Roland Bauer
Jutta Maurach

Erarbeitet von
Annette Schumpp
Jutta Sorg

Cornelsen

Inhaltsverzeichnis

So kannst du mit den Heften arbeiten

Du machst alle Seiten der Lernportion 1 ★★★.

Zuerst im grünen Heft.	Dann im roten Heft.	Dann im gelben Heft.	Und dann im blauen Heft.

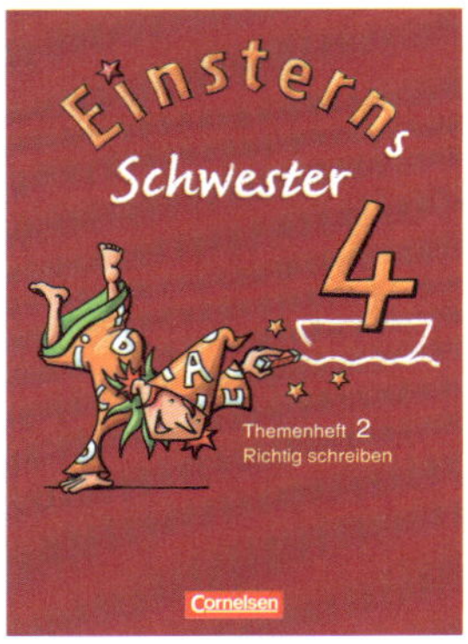

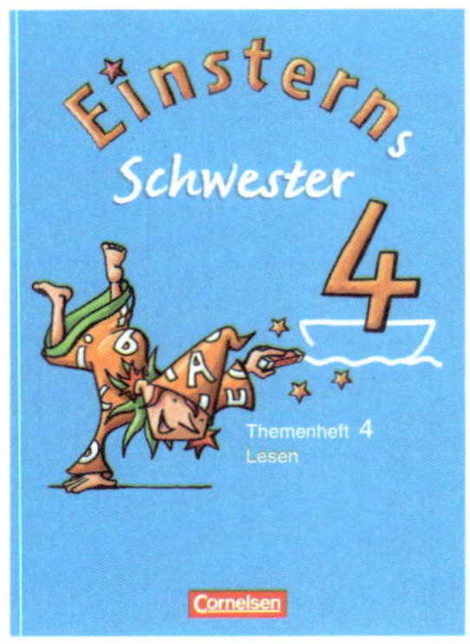

Danach machst du in allen Heften die Lernportion 2 ★★★.

Nun machst du in allen Heften die Lernportion 3 ★★★.

Genauso bearbeitest du alle anderen Lernportionen.

Zu jeder Lernportion kannst du im Arbeitsheft arbeiten.

→ AH Seite …
Dieser Hinweis zeigt dir, dass es eine passende Seite im Arbeitsheft gibt.

1 Nomen ordnen

Nomen sind Wörter für Lebewesen und Dinge.
Außerdem gibt es **abstrakte Nomen**. Das sind z. B. Nomen für Gefühle (der Schreck), Vorgänge (die Fahrt) und Zustände (die Ferien).

1 Finde in der E-Mail und auf dem Urlaubsfoto mindestens 20 Nomen.
Ordne sie mit Artikel in einer Tabelle.

Heft 1, Seite 5 ①+②

Lebewesen	abstrakte Nomen	Dinge
das Foto	die Ferien	...
...	...	

Liebe Jana, lieber Marc,

aus meinen Ferien schicke ich euch mit dieser Mail einige Fotos und viele Grüße. Ich bin in einem Feriencamp im Schwarzwald und habe hier riesigen Spaß. Zum Glück habe ich schon einige Freunde gefunden.

Jeden Tag erleben wir ein neues Abenteuer und es kommt keine Langeweile auf. Mit dem Wetter haben wir etwas Pech, weil es immer wieder regnet, aber die gute Laune verdirbt mir das nicht. Ich hätte Lust, noch längere Zeit hierzubleiben.

Gestern waren wir mit den Paddelbooten unterwegs und ich habe in voller Fahrt einen Felsen gerammt. Das war ein Schreck!

Euch noch einen schönen Urlaub!
Bis bald!

Euer Jonas

2 Sammle weitere Nomen zum Thema Ferien und ergänze damit die Tabelle.

1 Nomen in verschiedenen Sprachen sammeln

1 Besprecht, welche Sprachen in eurer Klasse gesprochen werden.

2 Schreibt Nomen in verschiedenen Sprachen auf Wortkarten.

a) Sammelt sie an einer Wandzeitung.

b) Findet Gemeinsamkeiten und Unterschiede der verschiedenen Sprachen.

c) Ergänzt eure internationale Nomensammlung im Laufe des Schuljahres.

3

1 Nomen an Wortbausteinen erkennen

Wörter mit den Wortbausteinen **-ung**, **-heit**, **-keit** und **-nis** sind Nomen.
Ich schreibe sie groß. Sie lassen sich aus Verben und Adjektiven bilden:
wandern – die Wander**ung**, dunkel – die Dunkel**heit**,
übel – die Übel**keit**, wild – die Wild**nis**

1 Finde in den Sprechblasen die Nomen mit den Wortbausteinen. Schreibe sie mit dem passenden Verb oder Adjektiv auf.

Heft 1, Seite 7 ①
die Entdeckung – entdecken, …
…

2 Bilde Nomen und ordne sie in einer Tabelle nach ihren Wortbausteinen.

-heit **-keit** **-nis** **-ung**

freundlich wagen schön lösen
rechnen fröhlich gesund geheim wahr übel hindern
besprechen krank kennen heiter frei erleben

Heft 1, Seite 7 ②

-heit	-keit	…
die Schönheit	…	…
…		

3 Finde mithilfe des Wörterbuchs oder der Wörterliste weitere Nomen mit den Wortbausteinen **-heit**, **-keit**, **-nis**, **-ung**. Schreibe sie zusammen mit ihrem verwandten Verb oder Adjektiv auf.

Heft 1, Seite 7 ③
…

1 Über die Mehrzahl von Nomen nachdenken

① Bilde zu den Nomen die Mehrzahl und schreibe sie mit dem Würfelbild auf.
Markiere, was sich in der Mehrzahl verändert.

Heft 1, Seite 8 ①+②
⚀ die Lehrerin – die Lehrerinnen
...

⚀	die Lehrerin	⚁	das Schloss
⚂	das Zebra	⚃	das Rätsel
⚄	der Zwerg	⚅	das Obst

② Bilde die Mehrzahl zu den Nomen in der Kiste. Ordne sie den Würfelbildern aus ① zu und schreibe sie in der Einzahl und Mehrzahl auf.
Markiere, was sich in der Mehrzahl verändert.

③

1 Pronomen verwenden

Ich, du, er, sie, es, wir, ihr, sie sind Pronomen und können Nomen ersetzen. Aber auch **mir, mich, dir, dich, sich, ihm, ihn, ihr, uns, euch, ihnen** sind Pronomen.

1. Schreibe den Text aus der Sprechblase in dein Heft. Markiere die Pronomen.

Hallo,
ich fühle mich allein.
Wer will mit mir
spielen?

Heft 1, Seite 9 ①
Hallo, ich …
…

2. Ergänze die fehlenden Pronomen und schreibe die Sätze ab.

Ich wollte ___ fragen, ob ___ heute Zeit hast.

Tim will sich eine neue Hose kaufen, aber keine gefällt ___ .

Lisas Freundin hat ___ einen Kinogutschein geschenkt und begleitet ___ ins Kino.

Wir waren gestern im Wald. Dort haben ___ ___ eine Hütte gebaut.

Hallo, ___ beiden! Möchtet ___ mir beim Backen helfen?

Die fünf Freunde übernachten im Zelt. Hoffentlich haben ___ alles dabei. Die Eltern haben ___ Proviant eingepackt.

Heft 1, Seite 9 ②
Ich wollte dich fragen,
ob du heute Zeit hast.
…

3. Überlege dir zu dem Kuscheltier eigene Sätze und schreibe sie auf. Achte auf die passenden Pronomen.

→ AH Seite 5

1 Die vier Fälle des Nomens kennen lernen

Das Nomen kann im Satz in vier Fällen stehen:

1. Der Wer-Fall (Nominativ):	**Der Wind** treibt Windräder an.
2. Der Wessen-Fall (Genitiv):	Beim Surfen spürt man die Kraft **des Windes**.
3. Der Wem-Fall (Dativ):	Auf dem Meer vertrauen Segler **dem Wind**.
4. Der Wen-Fall (Akkusativ):	Manchmal mögen Radfahrer **den Wind** nicht.

Das Nomen und sein Artikel können sich verändern.

1 Ersetze die Bilder durch Nomen und füge sie im richtigen Fall ein.

a) Schreibe die Texte in dein Heft.

b) Markiere die Artikel und die Endungen der Nomen, die sich verändern.

Heft 1, Seite 10 ① a) + b)
Die Sonne schenkt Wärme und Licht.
...

die Sonne	der Sonne	der Sonne	die Sonne

 schenkt Wärme und Licht.
Die Kraft  ist unermesslich groß.
Man sollte seine Haut nicht zu lange  aussetzen.
Neun Planeten umkreisen .

dem Regen	des Regens	den Regen	der Regen

 läuft am Fenster herab.
Bei Beginn  spannen alle ihre Regenschirme auf.
An eine Kanutour ist bei  nicht zu denken.
Ohne  wären die Blumen vertrocknet.

dem Gewitter	das Gewitter	des Gewitters	das Gewitter

Durch elektrische Ladungen in der Luft entsteht .
Die Sekunden zwischen Blitz und Donner verraten die Entfernung .
Wetterforscher schenken  großes Interesse.
Schon zu früheren Zeiten fürchteten viele Menschen .

1 Die vier Fälle des Nomens bestimmen

1 Lies die Sätze und die Fragen.
Suche zu den Fragen
die passenden Antworten.

Die Fragen
Wer oder was? Wessen? Wem? Wen oder was?
helfen, den richtigen Fall eines Nomens
zu bestimmen.

Im Winter versteckt der Schnee die Landschaft unter einer weißen Decke.
Das Gewicht des Schnees kann Äste brechen lassen.
Beim Wintereinbruch fühlen sich viele Autofahrer dem Schnee ausgeliefert.
Kinder lieben den Schnee.

Wer oder was versteckt die Landschaft unter einer weißen Decke?
Wessen Gewicht kann Äste brechen lassen?
Wem sind die Autofahrer ausgeliefert?
Wen oder was lieben die Kinder?

2 Schreibe die Fragen aus **1**
und die vollständigen Antwortsätze auf.
Unterstreiche die Fragewörter
und das Wort **Schnee**
mit Artikel in den
verschiedenen Fällen.

Heft 1, Seite 11 ②
Wer oder was versteckt die Landschaft
unter einer weißen Decke?
Der Schnee versteckt die Landschaft
unter einer weißen Decke.
...

3 Schreibe Fragesätze zu
den unterstrichenen Nomen
in den vier Fällen auf.

Mithilfe von Messstationen und Satelliten
sagen die Meteorologen das Wetter vorher.

Die ständige Beobachtung des Wetters
ist eine wichtige Aufgabe.

In den Bergen verändert sich das Wetter oft schlagartig.

Bergsteiger müssen dem Wetter große Beachtung schenken.

Heft 1, Seite 11 ③
Wen oder was sagen die Meteorologen
mithilfe von Messstationen vorher?
...

→ AH Seite 6

1 Die vier Fälle des Nomens verwenden

1 Schreibe den Text ab.

a) Setze die Nomen mit Artikel im richtigen Fall ein.

b) Unterstreiche die eingesetzten Nomen mit Artikel und bestimme ihren Fall.

Heft 1, Seite 12 ①
Selvet und Niklas stellen <u>der Klasse</u>
ein Buch über das Wetter vor.
= Wem-Fall (Dativ)
...

Selvet und Niklas stellen ____ (die Klasse) ein Buch über das Wetter vor.
Zusammen haben sie ____ (das Plakat) vorbereitet.
Zuerst begrüßen sie ____ (die Klasse).
Sie berichten über den Inhalt ____ (das Buch) und erklären ____ (der Text) auf dem Plakat.
Zum Schluss lesen sie ____ (der Abschnitt) vor, der ihnen am besten gefällt.
Alle Kinder ____ (die Klasse) loben ____ (der Vortrag).
Selvet und Niklas sind glücklich.

2 Lest den englischen Text und vergleicht ihn mit eurem Text.
Achtet besonders auf die unterstrichenen Nomen in beiden Texten.

Selvet and Niklas present the book about the weather <u>to the class</u>.
Together they prepared <u>the poster</u>.
First they greet <u>the class</u>.
They talk about the content of <u>the book</u> and explain <u>the text</u> on the poster.
Finally they read <u>the part</u>, they like best.
All children <u>of the class</u> praise <u>the lecture</u>.
Selvet and Niklas are happy.

3

2 Verben erkennen und Personalformen bilden

Verben gibt es in der **Grundform** und in den **Personalformen**.
Die **Personalformen** haben bestimmte **Bezeichnungen**.
Grundform: fahren

1. Person Einzahl:	ich fahre Fahrrad	Personalformen
2. Person Einzahl:	du fährst Fahrrad	
3. Person Einzahl:	er, sie, es fährt Fahrrad	
1. Person Mehrzahl:	wir fahren Fahrrad	
2. Person Mehrzahl:	ihr fahrt Fahrrad	
3. Person Mehrzahl:	sie fahren Fahrrad	

1 Schreibe die zwölf Verben
mit Personalform und Grundform auf.

Heft 1, Seite 13 ①
ihr plant – planen,
sie erfinden –
…

Ein Ritterturnier mit dem Fahrrad
So plant ihr das Ritterturnier:
Alle erfinden gute Turnierstationen.
Es gibt verschiedene Stationen:
Slalom, Zielwurf, Gepäcktransport, Ballonspiel.
Für das Ballonspiel binden alle Kinder Ballons an die Äste verschiedener Bäume.
Ein Kind verteilt an dich und jeden anderen Teilnehmer einen Stock.
Wenn du einen Ballon antippst, bekommst du einen Punkt.
Wenn der Ballon zerplatzt, erhältst du zwei Punkte.
Wir alle zählen die Punkte.
Ich rase direkt nach Lisa los und treffe zwei Luftballons.

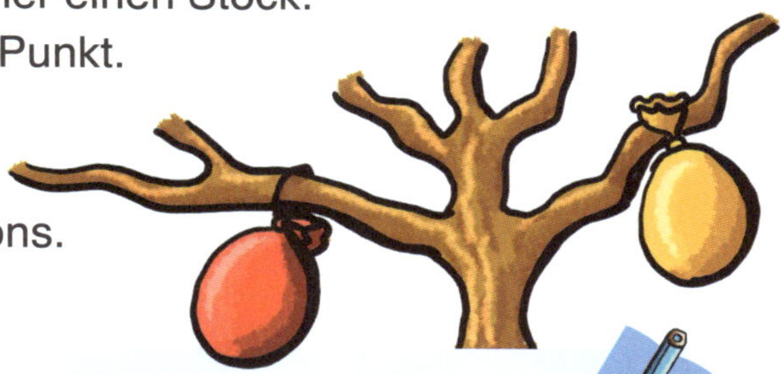

2 Lege für drei Verben aus dem Text
eine Tabelle an und ergänze
die fehlenden Personalformen.

Heft 1, Seite 13 ②

Grundform	planen
1. Person Einzahl	ich plane
2. Person Einzahl	…
3. Person Einzahl	…
1. Person Mehrzahl	…
2. Person Mehrzahl	…
3. Person Mehrzahl	…

2 Mit Verben Aufforderungssätze bilden

Verben stehen in der **Aufforderungsform**, wenn ich eine oder mehrere Personen auffordere, etwas zu tun. Das **Verb** steht dabei immer **am Satzanfang** und am **Satzende** steht ein **Ausrufezeichen**:
Bremse rechtzeitig! **Bremst** rechtzeitig!
Hilf den Fahranfängern! **Helft** den Fahranfängern!

1 Schreibe fünf Sätze auf, die du einem Kind zurufst. Unterstreiche das Verb und markiere das Ausrufezeichen farbig.

Heft 1, Seite 14 ①
Bremse rechtzeitig!
...

- rechtzeitig bremsen
- sich richtig einordnen
- den Helm nicht vergessen
- nach vorne schauen
- auf den Gegenverkehr achten
- die Füße auf den Pedalen lassen
- das Fahrrad richtig abstellen
- den Fußgängern Vorrang gewähren
- den Fahranfängern helfen
- den Abstand zum Vordermann einhalten
- an der Haltelinie stoppen
- die Vorfahrt beachten

2 Schreibe fünf andere Sätze auf, die du der ganzen Klasse zurufst. Unterstreiche das Verb und markiere das Ausrufezeichen farbig.

Heft 1, Seite 14 ②
Schaut nach vorne!
...

3

→ AH Seite 12

2 Eigene Aufforderungssätze bilden

1 Schreibe die sechs Baderegeln als Aufforderungssätze auf.

Heft 1, Seite 15 ①
Springe nur in ausreichend tiefes Wasser!
...

nur in ausreichend tiefes Wasser springen

das Wasser und seine Umgebung sauber halten

nicht ohne Sonnenschutz in der Sonne liegen

nicht bei Gewitter ins Wasser gehen

nicht dort baden, wo Schiffe, Boote und Surfer fahren

nicht zu weit alleine hinausschwimmen

2 Schreibe Aufforderungssätze auf, die du z. B. zu Hause oft hörst oder selbst sagst.

Heft 1, Seite 15 ②
Räume bitte dein Zimmer auf!
Lass meine Ritter in Ruhe!
...

2 Verben mit Wortbausteinen bauen

Verben mit Wortbausteinen wie **ab-**, **auf-**, **aus-**, **ein-**, **ver-**, **vor-**, **nach-** werden im Satz oft getrennt:
Tim **legt** eine Slalombahn **an**.
Lisa **malt** die Zielfahne **an**.

1 Lies die Stichwörter mit den passenden Wortbausteinen.

an-	– eine Slalombahn ___ legen
auf-	– viele Hütchen ___ stellen
aus-	– lange Seile ___ legen
ein-	– eine Wippe ___ bauen
auf-	– einen Helm ___ setzen
nach-	– die Zielfahne ___ malen
	– Einladungen ___ schicken
	– mit Kreide eine Ziellinie ___ zeichnen
	– Freunde ___ laden
	– Inliner ___ ziehen
	– verschiedene Preise ___ bereiten

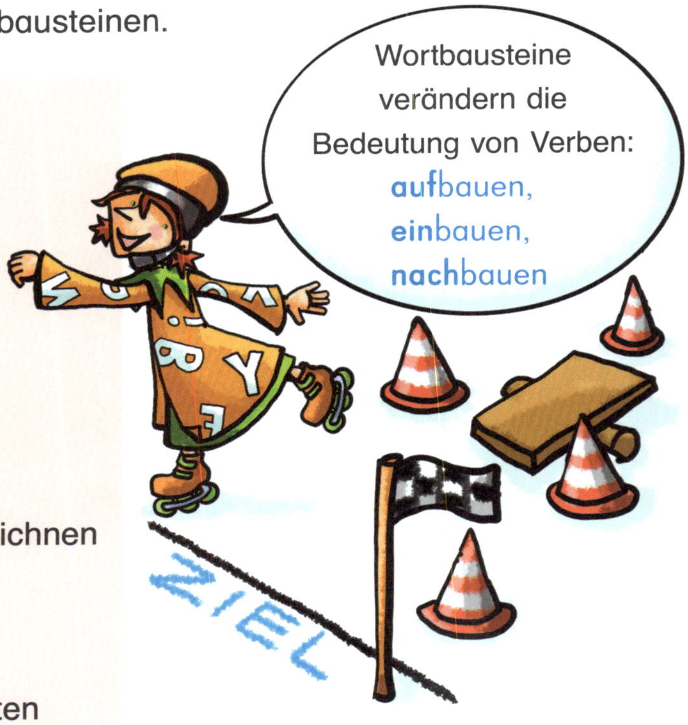

2 Schreibe vier Dinge auf, die Lisa tut.
Nutze die Stichwörter von **1**.
Unterstreiche die Verben mit den Wortbausteinen.

Heft 1, Seite 16 ②
Lisa stellt viele Hütchen auf.
…

3 Schreibe vier Dinge auf,
die Tim und Lisa gemeinsam tun.
Nutze die Stichwörter von **1**.
Schreibe erst die Grundform
des Verbs auf, dann den Satz.
Unterstreiche die Verben mit den Wortbausteinen.

Heft 1, Seite 16 ③
einladen:
Lisa und Tim laden Freunde ein.
…

3 Verben in der 1. Vergangenheit finden

1 Schreibe die Verben aus dem Text
mit Pronomen auf.
Ergänze die Grundform.

Heft 1, Seite 17 ①
er erfand – erfinden,
…

Fahrräder früher

Das erste bekannte Zweirad
erfand Karl Freiherr von Drais 1817.
Er nannte diese Erfindung Laufmaschine.
Später verwendete man den Begriff Draisine.
Herr von Drais baute sie vollständig aus Holz.
Sie hatte keine Pedale und keine Kette.
Der Fahrer stieß sich mit den Füßen vom Boden ab.

Der Franzose Ernest Mechaux erfand das Hochrad.
Es fuhr mit Kurbel und Tretpedal.
Das Vorderrad war sehr groß und das Hinterrad sehr klein.
Viele Hochradfahrer verletzten sich, wenn sie
aus großer Höhe vom Fahrrad fielen.

2 Schreibe die Verben aus dem Text mit Pronomen auf.
Ergänze die Grundform und die 1. Vergangenheit
(Präteritum).

Heft 1, Seite 17 ②
es gibt – geben, es gab,
…

Fahrräder heute

Heute gibt es viele verschiedene Fahrräder:
Liegeräder, Mountainbikes, E-Bikes, Rennräder
oder Trekkingräder.
Jedes Fahrrad dient einem anderen Zweck.
Radfahrer tragen heute oftmals passende Radkleidung
und einen Fahrradhelm.
Überall schätzen die Menschen das Fahrrad
als umweltfreundlichstes Transportmittel.
Viele Kinder lernen das Fahrradfahren heute wieder
mit einem kleinen Laufrad, ähnlich der Laufmaschine
von Herrn von Drais.

3 Verben in der 2. Vergangenheit bilden

Verben, die von **früher** erzählen, können in der **1. Vergangenheit (Präteritum)** oder in der **2. Vergangenheit (Perfekt)** stehen:

ich **erfinde** (Gegenwart)
ich **erfand** (1. Vergangenheit) — ich **habe erfunden** (2. Vergangenheit)

ich **laufe** (Gegenwart)
ich **lief** (1. Vergangenheit) — ich **bin gelaufen** (2. Vergangenheit)

In der gesprochenen Sprache benutzt man häufig die **2. Vergangenheit**.

1 Schreibe die Verben auf, die in der 2. Vergangenheit stehen.

Heft 1, Seite 18 ①
habe erfunden,
...

Ich habe die Draisine erfunden. Ich habe lange überlegt und ich habe lange daran gebaut. Damals haben Pferde die Menschen auf ihrem Rücken oder in Kutschen transportiert. Ich habe ein Gefährt gebaut, mit dem ich selbst viele Kilometer gelaufen bin. Ich habe mich immer mit langen Schritten vom Boden abgestoßen. Ich bin nie gestürzt. Die Menschen haben damals sogar richtige Laufrad-rennen veranstaltet. Ich bin ein großer Erfinder gewesen.

2 Stellt euch vor, ihr habt diese Räder erfunden. Erzählt einander davon. Nutzt die Wörter auf den Wortkärtchen.

Karl Freiherr von Drais: Draisine

Gebrüder Opel: Fünfrad

John Boyd Dunlop: Luftreifen

Ernst Sachs: Fahrradnabe

erfunden | entwickelt | konstruiert | gebaut

Ich bin einer der fünf Gebrüder Opel. Wir haben ...

→ AH Seite 19

3 Verben in die 1. Vergangenheit setzen

1 Lies einem anderen Kind vor,
was der Museumsführer erzählt.

4000 Jahre vor Christus hat ein Mensch das Rad erfunden. Dieser Mensch hat im Vorderen Orient gelebt. Er hat die Grundlage für alle Fahrzeugerfindungen mit Rädern gelegt. 2000 Jahre vor Christus sind die Menschen in Süddeutschland mit hölzernen Wagenrädern gefahren. Im Jahr 1817 hat es in Deutschland eine große Hungersnot gegeben. Auch die Pferde haben gehungert. Die Pferde haben aber damals die Kutschen gezogen und die Reiter getragen. Deshalb hat Herr Drais ein Gefährt ohne Pferde erfunden: die Draisine. Die Draisine hat die Geschwindigkeit eines galoppierenden Pferdes erreicht. 1861 haben zwei Franzosen das erste brauchbare Hochrad konstruiert. 1867 sind die ersten Frauen im Damensitz auf dem Hochrad gefahren.

2 Schreibe selbst einen kleinen Museumsführer für Kinder.
Suche dir dazu drei Sätze aus **1** aus.

Ich **erzähle** in der 2. Vergangenheit (Perfekt). Ich **schreibe** in der 1. Vergangenheit (Präteritum).

3 Verben in der Zukunft bilden

Die **Zukunftsform** von Verben zeigt an, dass etwas in der **Zukunft (= später)** passieren wird.
Julia wird die Fahrradprüfung bestehen.
Die **Zukunftsform** besteht aus **zwei Teilen**.
erfinden:

ich **werde erfinden**	wir **werden erfinden**
du **wirst erfinden**	ihr **werdet erfinden**
er, sie, es **wird erfinden**	sie **werden erfinden**

1 Diese Maschine des Künstlers Jean Tinguely heißt Fatamorgana. Das bedeutet „optische Täuschung". Überlege, was die Maschine wohl kann. Schreibe in der Zukunftsform.

Heft 1, Seite 20 ①
Die Maschine wird …
…

Jean Tinguely
Fatamorgana,
Méta-Harmonie IV, 1985

2 Denke dir eine eigene Maschine aus. Du kannst sie auch zeichnen. Schreibe auf, was deine Maschine kann. Schreibe in der Zukunftsform.

Heft 1, Seite 20 ②
…

→ AH Seite 20

3 Zeitformen des Verbs erkennen

1 Lege eine Tabelle an.
Finde im Text mindestens
zehn Verben in der Vergangenheit,
fünf Verben in der Gegenwart
und fünf Verben in der Zukunft.

Heft 1, Seite 21 ①

Gegenwart	Vergangenheit	Zukunft
es gibt	es begann	...
...	...	

Der Computer – wie es begann

1671 baute Gottfried Wilhelm Leibniz in Deutschland die erste leistungsfähige Rechenmaschine.

Null:	0 0 0 0
Eins:	0 0 0 1
Zwei:	0 0 1 0
Drei:	0 0 1 1
Vier:	0 1 0 0
Fünf:	0 1 0 1
Sechs:	0 1 1 0
Sieben:	0 1 1 1
Acht:	1 0 0 0
Neun:	1 0 0 1
Zehn:	1 0 1 0

Dazu erfand er 1703 das binäre Zahlsystem (Dualsystem). Es gilt auch heute noch als Grundlage für die Digitalrechner. Das Dualsystem nutzt zur Darstellung von Zahlen nur die Ziffern 0 und 1.

Charles Babbage entwickelte 1822 eine Differenzmaschine. Sie war ein mechanischer Computer. Man trieb ihn durch das Drehen einer Kurbel an.

1843 schrieb Ada Lovelace das erste Computerprogramm. Im gleichen Jahr konstruierten Edvard und Georg Scheutz in Stockholm den ersten mechanischen Computer nach den Ideen von Charles Babbage.

1941 gilt bei vielen als Geburtsstunde des modernen Computers: Konrad Zuse baut den ersten vollautomatischen, programmgesteuerten, frei programmierbaren Computer der Welt.

Die 1980er Jahre waren die Blütezeit der Heimcomputer. 1983 entstand der erste Bürocomputer mit Maus namens Lisa. Er kostete 10 000 US-Dollar. Heute gibt es in vielen Büros und Haushalten Computer. Sie sind viel günstiger als Lisa. Viele Menschen nutzen das Internet oder spielen Computerspiele. Sicherlich wird bald eine noch modernere Erfindung den Tablet-Computer ablösen. Heute gilt er als neuartig und originell.

Zukünftig werden Computer vielleicht biologische und technische Informationen verarbeiten. Vielleicht werden die Wissenschaftler auch Computer erfinden, die ein eigenes Bewusstsein entwickeln. Oder es werden nur noch Computer arbeiten, während die Menschen nichts tun werden. Was denkst du?

4 Adjektive mit Wortbausteinen bilden

1 Spielt das Spiel nach folgender Spielregel: Würfelt reihum. Wenn du an der Reihe bist, würfle und suche das nächste Feld, das zusammen mit deinem gewürfelten Wortbaustein ein sinnvolles Adjektiv ergibt.

Beispiel: Du würfelst **-lich** und rückst auf **Tag** vor (= täglich). Das Ziel musst du direkt erreichen.

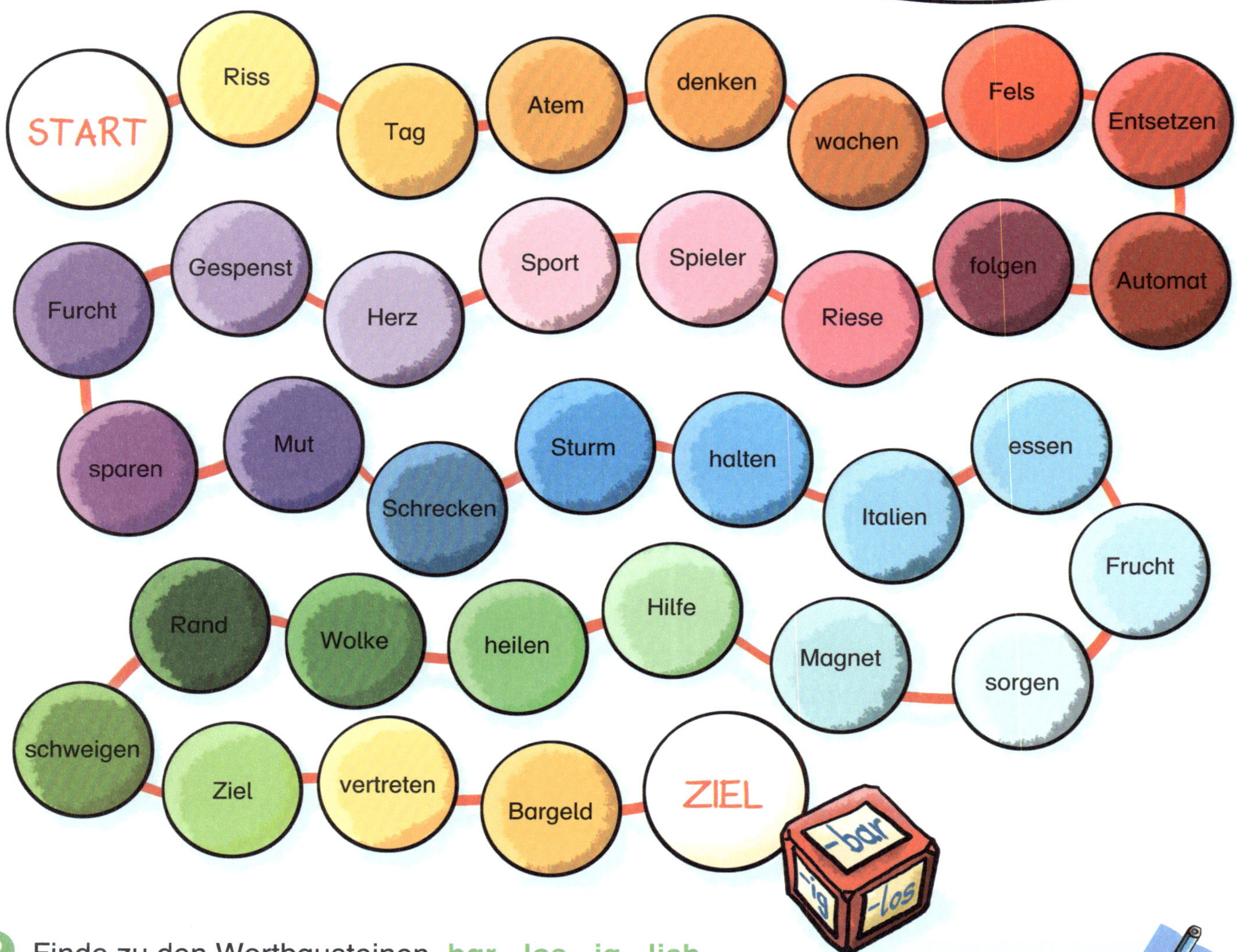

2 Finde zu den Wortbausteinen **-bar**, **-los**, **-ig**, **-lich**, **-isch**, **-sam** mindestens drei Beispiele aus dem Spielplan. Schreibe sie auf. Du kannst die Adjektive aus Nomen oder Verben bilden.

Heft 1, Seite 22 ②
-bar:
heilen – heilbar
essen – essbar
...

3 Finde eigene Wörter und ergänze deine Übersicht.

4 Treffende Adjektive finden

1 Findet gemeinsam in jedem Abschnitt alle Adjektive.

Wer glaubt, die Wikinger wären nur wilde Raufbolde gewesen, der irrt sich gewaltig! Sie waren nämlich auch ungehobelte Trunkenbolde. Und rülpsende Räuber. Und fiese Schwertschwinger. Vor allem waren die Wikinger hervorragende Seefahrer. Mit seinen langen, wendigen Drachenbooten eroberte Erik der Rote Grönland – was nicht weiter schwer war, denn dort gab es damals nur ein paar Schafe. (9 Adjektive)

Einige Jahre später unternahm auch Halvar von Flake weite Reisen. Meistens freiwillig und voller Lust, zu rauben und zu brandschatzen. Doch eines Tages riss seine Glückssträhne und sein schmächtiger Sohn musste all seine Klugheit aufbringen, um Halvar zu retten. Aber vor dieser großen Fahrt musste den starken Männern unbedingt noch ein klitzekleiner Überfall gelingen. (6 Adjektive)

Nur wenige Sekunden später landeten kleine Schuhe in den riesigen Fußstapfen. Huch, das war aber ein winziger Wikinger! … Sein Gesicht war von schulterlangen, karottenblonden Haaren eingerahmt. Eigentlich war dieser Wikinger schlau, gerecht, hübsch, gewitzt und steckte voller guter Ideen, das merkte man sofort. (11 Adjektive)

Wickie lag noch lange wach und starrte in die Sterne. Sie allein wussten, ob es Halvar gut ging: Und bald würde er auch seinen Vater wiedersehen. Mit dieser Gewissheit im Herzen schlief Wickie endlich friedlich ein. Der Friede währte nur kurz. Dann kaum war die Nacht so richtig rabenschwarz, hallte ein entsetzlicher Schrei über das Deck. (6 Adjektive)

2 Wähle zwei Abschnitte. Schreibe daraus alle Adjektive und inhaltlich passende Nomen auf. Du kannst Nomen aus dem Text oder eigene Nomen verwenden. Unterstreiche die Adjektive.

Heft 1, Seite 23 ②
ein wilder Raufbold,
…

3 Sprecht darüber, was die Adjektive im Text bewirken.

→ AH Seite 26

4 Zusammengesetzte Adjektive bilden

Mit zusammengesetzten Adjektiven kann man ihre ursprüngliche Bedeutung noch verstärken: neu – nagelneu

1 Bilde mit den Tieren zusammengesetzte Adjektive und schreibe sie auf.

Heft 1, Seite 24 ①
Bären + stark = bärenstark, …
…

| flink | fleißig | glatt | müde | nass | schwarz | stark |

2 Bilde aus den Nomen und Adjektiven zusammengesetzte Farbadjektive. Gestalte zwölf Memokärtchen.

| gelb | grün | blau | weiß | braun | rot |

3 Spiele mit einem anderen Kind ein Memospiel. Verwendet eure beiden Kartensätze.

4 Zerlege die folgenden Adjektive in ihre ursprünglichen Wörter.

Heft 1, Seite 24 ④
haushoch = Haus + hoch, …
…

| haushoch | riesengroß | pfeilschnell |
| steinreich | stockfinster | staubtrocken |

4 Mit Adjektiven vergleichen

1 Lest abwechselnd die Aussagen über Pippi Langstrumpf.

a) Findet in jedem Text das Adjektiv und seine beiden Vergleichsstufen.

b) Nennt die drei Adjektive, deren Vergleichsstufen auf besondere Weise gebildet werden.

Pippi ist ein merkwürdiges Mädchen, bestimmt ist sie merkwürdiger als viele andere Mädchen. Vielleicht ist sie das merkwürdigste Mädchen überhaupt?

Ihre Kleider sind bunt, bestimmt sind sie bunter als bei vielen anderen Mädchen. Vielleicht sind sie am buntesten?

Sie hat viele Goldstücke, sicher hat sie mehr Goldstücke als ihr, vielleicht hat sie sogar am meisten.

Ihre Pfannkuchen schmecken wirklich gut, vielleicht sogar besser als bei euch, vielleicht sind es auch die besten Pfannkuchen?

Sie ist ein starkes Kind, sie ist stärker als die Polizisten. Vielleicht ist sie das stärkste Kind überhaupt?

Sie reitet gerne auf ihrem Pferd, noch lieber stemmt sie es hoch, aber am liebsten füttert sie es mit Leckereien.

2 Trage die Adjektive mit ihren zwei Vergleichsstufen in eine Tabelle ein.

Heft 1, Seite 25 ②

Grundstufe	1. Vergleichsstufe	2. Vergleichsstufe
wild	wilder	am wildesten
...	...	...

5 Nomenproben kennen

Mit einer **Nomenprobe** überprüfe ich, ob ein Wort ein Nomen ist.
Mindestens zwei Proben müssen passen.
Diese Proben gibt es:

1. Ich kann einen **Artikel** vor das Wort setzen: **der** Rucksack oder **ein** Rucksack
2. Ich kann die **Mehrzahl** bilden: die Rucksäcke
3. Ich kann ein passendes **Adjektiv** vor das Wort setzen: ein schwerer Rucksack
4. Ich kann an das Wort **-chen** oder **-lein** hängen: das Rucksäckchen
5. Ich prüfe, ob es sich um ein Wort für ein Lebewesen, ein Gefühl, ein Ding oder etwas Abstraktes handelt: ein Rucksack = Ding

1 Finde im folgenden Text mithilfe der Nomenproben 24 verschiedene Nomen. Schreibe sie in dein Heft.

Heft 1, Seite 26 ①
Emma, Bus, …
…

ALS EMMA AUS DEM BUS STIEG, SCHLOSS SIE ERST MAL DIE AUGEN UND HOLTE TIEF LUFT. JA. SO MUSSTE ES RIECHEN. NACH MIST, BENZIN UND FEUCHTER ERDE. NACH SOMMERFERIEN BEI DOLLY.

EMMA SCHWANG SICH IHREN RUCKSACK AUF DEN RÜCKEN UND HÜPFTE ÜBER DIE STRASSE. SIE SPUCKTE IN DEN DORFTEICH, SPRANG IN ZWEI PFÜTZEN UND STAND VOR DEM GARTENTOR IHRER GROSSMUTTER. ALLES WAR WIE IMMER.

VON DEM ALTEN HAUS BLÄTTERTE DIE FARBE AB UND IN DOLLYS BLUMENKÄSTEN WUCHSEN KEINE GERANIEN, SONDERN SALATKÖPFE.

DER WACKELIGE GARTENTISCH UNTERM WALNUSSBAUM WAR WIE IMMER ZU IHREM EMPFANG GEDECKT.

Cornelia Funke

2 Schreibe zu jeder Nomenprobe aus dem Regelkasten ein Beispiel auf. Verwende Wörter aus dem Text.

Heft 1, Seite 26 ②
1. Ich kann einen Artikel vor das Wort setzen: …
…

5 Verbenproben kennen

Mit einer **Verbenprobe** finde ich heraus, ob ein Wort ein Verb ist.
Diese Proben gibt es:
1. Ich kann die **Grundform** des Wortes bilden: lagen – liegen
2. Ich kann das Wort in verschiedene **Personalformen** setzen:
   ich liege, er liegt …
3. Ich kann das Wort in verschiedene **Zeitformen** setzen:
   ich liege, ich lag, ich habe gelegen, ich werde liegen …

1 Finde im folgenden Text mithilfe der Verbenproben 18 verschiedene Verben.

Tom und Jerry, Dollys alte Hunde, lagen schlafend vor der offenen Haustür. Sie hoben nicht einmal die Schnauzen, als Emma das Tor aufstieß und aufs Haus zulief.
Aus dem Haus roch es angebrannt.
Emma grinste. Dolly hatte wohl wieder versucht zu backen. Wahrscheinlich war sie die einzige Großmutter auf der Welt, die keinen Kuchen zustande bekam. Kochen konnte sie auch nicht besonders gut. Sie tat nichts von dem, was die Großmütter von Emmas Freundinnen gerne machten. Dolly häkelte nicht, las keine Geschichten vor, und Emmas Geburtstag vergaß sie jedes Jahr. Ihre grauen Haare waren kurz wie Streichhölzer, sie trug meistens Männersachen und ihr Auto reparierte sie selber. Emma hätte sie gegen keine andere Großmutter eingetauscht.

Cornelia Funke

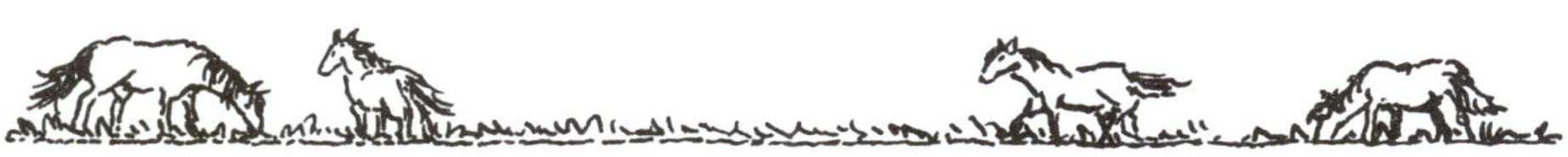

2 Schreibe mindestens zehn Verben aus 1 mit einem Beweis auf.

Heft 1, Seite 27 ②
lagen: Grundform liegen
hoben: Personalformen ich hob, wir hoben …
…

5 Adjektivproben kennen

Mit einer **Adjektivprobe** finde ich heraus, ob ein Wort ein Adjektiv ist.
Diese Proben gibt es:
1. Ich kann zu dem Wort **Vergleichsstufen** bilden: riesig – riesiger – am riesigsten
2. Ich kann ein passendes **Nomen hinter das Wort** setzen: der riesige Hund

1 Finde im folgenden Abschnitt mithilfe der Adjektivproben acht verschiedene Adjektive. Schreibe sie jeweils mit einer der beiden Adjektivproben auf.

Heft 1, Seite 28 ①
riesig – riesiger – am riesigsten
...

Ein riesiger Hund schoss bellend unterm Küchentisch hervor, sprang an Emma hoch und leckte ihr das Gesicht.
„Hallo, Süße." Dolly hockte vorm Backofen und sah ziemlich unglücklich aus.
Sie holte ihren Kuchen heraus und knallte ihn auf den Küchentisch. „Nun guck dir das an. Wieder zu braun. Ich versteh das nicht. Dabei habe ich mir sogar so eine dusselige Backuhr besorgt."
Der Riesenhund ließ Emma in Ruhe und beschnupperte den verbrannten Kuchen.
„Ein Glück, dass ich vorsichtshalber noch ein bisschen Kuchen gekauft habe."
Dolly wischte sich die mehlverschmierten Hände an der Hose ab und gab Emma einen Kuss.
In Proskes Autowerkstatt nebenan soff ein Motor ab und Dollys Nachbarin zur Linken, Elsbeth Dockenfuß, fegte mit Radiobegleitung den Weg vor ihrer Gartenmauer.
„He Elsbeth!", rief Dolly. „Kannst du dein Radio mal etwas leiser drehen?
Mein Kaffee schwappt schon aus der Tasse von dem Lärm." Elsbeth schlurfte murrend zur Mauer, drehte das Radio ab und kam auf Dollys Zaun zu.

Cornelia Funke

→ AH Seite 34

5 Die Wortartenproben anwenden

1 Finde im folgenden Text fünf Nomen in der Einzahl mit Artikel, fünf Verben in der Grundform und fünf Adjektive in der Grundstufe. Schreibe sie auf.

Heft 1, Seite 29 ①

Nomen	Verben	Adjektive
das Seepferdchen	…	…
…		

Das Seepferdchen

Es sieht aus wie ein Fabelwesen,
ein erfundenes Tier. Als wenn jemand zu zeichnen begonnen und sich dabei gedacht hätte: Ach, heute male ich mal ein Unterwasserpferd. Ein Unterwasserpferd mit Stacheln anstelle einer Mähne. Mit einer Rückenflosse anstelle von Beinen. Mit einem geringelten Greifschwanz, rollenden Augen und einem zierlichen Hals. Aber da war niemand, der zeichnete. So etwas Verrücktes wie ein Seepferd kann man sich nämlich nicht ausdenken. Wirkliche Dinge sind oft seltsamer als ausgedachte Dinge.
Ein Seepferdchen ist ein Fisch. Ein Fisch, der nicht gut schwimmen kann. Darum hält es sich mit dem Schwanz an einem Büschel Seegras fest. So kann die Strömung es nicht forttragen. Es sieht aus wie ein Luftballon, wie es da an seinem Schwanz im Wasser hin und her schwingt.

Bibi Dumont Tak

2 Schreibe einen eigenen Text über ein Tier.

Heft 1, Seite 29 ②

…

3 Unterstreiche in deinem Text die Wortarten in drei verschiedenen Farben. Wende dabei die verschiedenen Wortartenproben an.

6 Sätze mit einem Bindwort verbinden

Mit **Bindewörtern** wie z. B. während, dass, wenn, weil, damit, obwohl, nachdem, bevor, als … werden zwei **Sätze** miteinander **verbunden**: Zwischen den verbundenen Sätzen steht ein **Komma**.
Lisa liest ein Buch. Lisa wartet auf den Abflug.
Lisa liest ein Buch, **während** sie auf den Abflug wartet.

1 Verbinde die beiden Sätze mit dem Bindewort und schreibe sie auf.

Heft 1, Seite 30 ①
Ronja und Mama packen zu essen und zu trinken ein, weil …
…

weil	Ronja und Mama packen zu essen und zu trinken ein. Die Fahrt dauert 5 Stunden.
wenn	Imo wedelt freudig mit dem Schwanz. Er umrundet das Auto.
während	Papa träumt schon vom Strand. Er blättert im Urlaubskatalog.

2 Entscheide, welches Bindewort passt.
Schreibe die Sätze auf.
Untersteiche das Bindewort.

Heft 1, Seite 30 ②
Ich esse immer zwei Pausenbrote, obwohl …
…

Ich esse immer zwei Pausenbrote,	damit	die Pause dann zum Spielen viel zu kurz ist.
Ich gehe früh ins Bett,	bevor	ich in der Schule nicht müde bin.
Ich putze meine Zähne,	obwohl	ich schlafen gehe.

→ AH Seite 43

6 Wörtliche Rede kennzeichnen

Was jemand in einer Geschichte **spricht**, nennt man **wörtliche Rede**.
Vor der wörtlichen Rede stehen **Anführungszeichen unten**,
danach **Anführungszeichen oben**.
Ein **Redebegleitsatz** gibt an, wer spricht.
Nach dem Redebegleitsatz steht ein **Doppelpunkt**:
Schröder sagt: „Ich will Klavier spielen wie Beethoven."

1 Schreibe die Sätze ab. Setze die fehlenden Zeichen ein.

Schröder sagt Ich will Klavier spielen wie Beethoven.

Charlie Brown ruft Komm her, Snoopy.

Linus fragt Wo ist meine Schmusedecke?

Lucy brüllt Ich bin so wütend!

Heft 1, Seite 31 ①
Schröder sagt:
„Ich will Klavier spielen
wie Beethoven."
…

2 Lies den Comic.

a) Schreibe die wörtliche Rede mit passenden Begleitsätzen auf.
Du kannst auch die Verben aus dem Wortkasten nutzen.

mitteilen	rufen	sprechen	widersprechen	meinen
bemerken	seufzen	antworten	erwidern	überlegen

Heft 1, Seite 31 ②
Linus bemerkt:
„Hinter dir sitzt ein
großer Alligator!"
…

b) Unterstreiche den vorangestellten Redebegleitsatz.

c) Markiere das Satzschlusszeichen der wörtlichen Rede und
die Anführungszeichen in verschiedenen Farben.

6 Nachgestellte Redebegleitsätze erkennen

Der **Redebegleitsatz** kann auch **nach der wörtlichen Rede** stehen.
Dann setze ich die Satzzeichen so:
„Suchst du nach vergrabenen Schätzen?“, fragt Hobbes.
„Ich suche nach vergrabenen Schätzen!“, ruft Calvin.
„Ich suche nach vergrabenen Schätzen“, sagt Calvin.

1 Lies den Comic.

a) Schreibe das Gespräch von Calvin und Hobbes auf.
Die Begleitsätze sollen hinten stehen.

b) Unterstreiche den nachgestellten Redebegleitsatz.
Markiere die Anführungszeichen und das Komma
vor dem Redebegleitsatz in verschiedenen Farben.

Heft 1, Seite 32 ①
„Warum gräbst du ein Loch?“,
fragt Hobbes.
...

2 Lest eure Texte mit verteilten Rollen. Findet einen Erzähler und
Kinder für die Instrumente, die die Satzzeichen vertonen.

den Doppelpunkt  2x

den Punkt  1 Schlag

die Anführungszeichen  2x

das Ausrufezeichen 

das Komma  1 Schlag

das Fragezeichen 

→ AH Seite 44, 45

6 Eingeschobene Redebegleitsätze schreiben

Der **Redebegleitsatz** kann auch **zwischen** der wörtlichen Rede stehen.
Er wird **durch** ein **Komma** davor und danach **abgetrennt**.
Die wörtliche Rede wird durch Anführungszeichen gekennzeichnet.
„Kann jemand“, **fragt Erhan,** „bestraft werden, der nichts gemacht hat?“
„Warum“, **fragt der Lehrer zurück,** „fragst du?“
„Ich habe“, **antwortet Erhan,** „meine Hausaufgaben nicht gemacht.“

1 Schreibe den Witz mit Anführungszeichen ab.
Unterstreiche die Redebegleitsätze. Markiere in jedem Satz das Komma vor und nach dem Redebegleitsatz.

▢Was▢, fragt die Lehrerin, ▢hast du im Mund?▢
▢Ich▢, antwortet Lukas, ▢kaue Kaugummi.▢
▢Ab▢, ruft die Lehrerin, ▢in den Papierkorb!▢
▢Der Kaugummi▢, fragt Lukas, ▢auch?▢

Heft 1, Seite 33 ①
„Was“, fragt die Lehrerin,
„hast du im Mund?“
…

2 Schreibe die Begleitsätze zwischen die wörtliche Rede. Finde immer zwei Möglichkeiten. Unterstreiche den Redebegleitsatz.

a) Die Lehrerin fragt: „Was ist 5 + 5 – 10?“
Michi antwortet: „Das ist eine Matheaufgabe.“

b) Der Lehrer sagt: „Nennt mir bitte fünf Tiere, die in Afrika leben.“
Toni antwortet: „Das sind zwei Löwen und drei Elefanten.“

Heft 1, Seite 33 ②
„Was“, fragt die Lehrerin, „ist 5 + 5 – 10?“
„Was ist“, fragt die Lehrerin, „5 + 5 – 10?“
…

3 Schreibe den Witz als wörtliche Rede mit eingeschobenen Redebegleitsätzen auf.

Im Musikunterricht
Lehrerin: Julia, sing bitte ein C.
Julia singt ein C.
Lehrerin: Und nun sing ein E.
Julia singt ein E.
Lehrerin: Und nun bitte G.
Julia: Wie Sie meinen! *Sie nimmt ihre Sachen und geht.*

Heft 1, Seite 33 ③
„Julia, sing bitte“, sagt die Lehrerin, „ein C.“
Julia singt ein C.
…

6 Bei Aufzählungen ein Komma setzen

1 Schreibe einen der beiden Sätze ab.
Setze dabei in der Aufzählung
an den richtigen Stellen ein Komma.

Heft 1, Seite 34 ①
An einem sonnigen Wochenende spiele ich draußen,
fahre Skateboard, …

> An einem sonnigen Wochenende spiele ich draußen fahre Skateboard gehe Fußballspielen oder verbringe den Tag im Freibad.

> An einem verregneten Wochenende spiele ich mit meiner Ritterburg lese Abenteuerbücher male mit Wasserfarben und räume mein Zimmer auf.

2 Überlege dir mindestens vier Lieblingsbeschäftigungen von Lisa und Tim. Schreibe sie als Aufzählung auf. Finde auch Imos Lieblingsbeschäftigungen und schreibe dazu ebenfalls eine Aufzählung. Du kannst auch die Liste verwenden.

Heft 1, Seite 34 ②
Lisas Lieblingsbeschäftigungen
sind Reiten, …

Rad fahren, lesen, kochen, schlafen, rennen, fressen, spielen, Kekse essen, Kuchen backen, mit dem Hund spazieren gehen, Musik hören, am Computer spielen, tanzen, fernsehen, mit meinen Freunden spielen, …

3 Schreibe eine ausführliche Aufzählung deiner Lieblingsbeschäftigungen.

7 Satzglieder fächern

So arbeite ich mit dem Satzfächer:

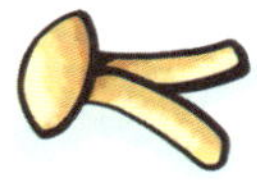

1. Ich übertrage jedes Satzglied auf einen Papierstreifen.
2. Ich verbinde diese Papierstreifen zu einem Fächer.
3. Ich verschiebe die Satzglieder zu einem sinnvollen Satz und schreibe ihn auf.
4. Ich verschiebe die Satzglieder mehrmals und finde weitere Sätze.

1 Bastle fünf verschiedene Satzfächer mit den fünf Sätzen. Schreibe jedes Satzglied auf einen Papierstreifen.

die Köche | servieren | den Gästen | im Saal | das Essen | am Abend

der Burgherrin | liefern | die Dorfbewohner | am Morgen | das Obst | an

die Pagen | striegeln | nach dem Ausritt | die Pferde | gründlich

am Nachmittag | im Hof | dürfen | die Kinder | Holzschwerter | schnitzen

nach dem Turnier | gratuliert | das Burgfräulein | dem edlen Ritter

2 Bilde zu jedem Fächer verschiedene Sätze.

Heft 1, Seite 35 ③

3 Schreibe zu einem Fächer alle möglichen Sätze auf.

4 Stelle einen eigenen Satzfächer her. Versuche, möglichst viele Satzglieder zu finden.

7 Subjekt und Prädikat ermitteln

Ich frage nach dem **Subjekt**:
Wer oder **was** reitet? — Der Ritter.
Ich frage nach dem **Prädikat**:
Was tut jemand oder **was geschieht**? — Der Ritter reitet.

1 Frage in den Sätzen nach dem Subjekt.
Schreibe die Fragen und die Antworten auf.
Unterstreiche die Antwort.

Heft 1, Seite 36 ①
Wer trägt Gewänder aus Leinen und Wolle?
Die Ritter.
...

- Die Ritter tragen Gewänder aus Leinen und Wolle.
- Auf dem Turnierplatz kämpfen sie mit Schwert und Schild.
- Umsichtig versorgen ihre Knappen die Pferde.
- Jede Ritterfamilie besitzt ein eigenes Wappen.
- Am Mittag beginnt das Ritterspektakel.
- Die Fanfarenklänge eröffnen das Turnier.

2 Frage in den Sätzen nach dem Prädikat.
Schreibe die Fragen und eine kurze Antwort auf.
Unterstreiche in der Antwort das Prädikat.

Heft 1, Seite 36 ②
Was tun die Ritter?
Sie tragen Gewänder.
...

3 Finde auf deinen Satzfächern von Seite 35 die Subjekte und Prädikate.
Schreibe auf die Rückseite die passenden Fragen und Subjekt oder Prädikat.

7 Zweiteilige Prädikate finden

Das **Prädikat** kann auch **aus zwei Teilen** bestehen:
Die Mägde legen das Fleisch in Salzlake ein.

1 Stelle die Frage nach dem Prädikat.
Schreibe die Frage und die Antwort auf.
Unterstreiche das zweigeteilte Prädikat.

Heft 1, Seite 37 ①
Was tun die Mägde?
Sie legen das Fleisch ein.
...

Die Mägde legen das Fleisch in Salzlake ein.

Der Koch setzt eine Suppe an.

Die Küchenmädchen bereiten das Gemüse vor.

Der Küchenjunge sammelt Scherben auf und bringt sie weg.

2 Schreibe aus den Mauersteinen
sinnvolle Sätze oder Unsinnsätze auf.
Unterstreiche immer das zweigeteilte Prädikat.

Heft 1, Seite 37 ②
Der Küchenhund trocknet die Suppe ab.
...

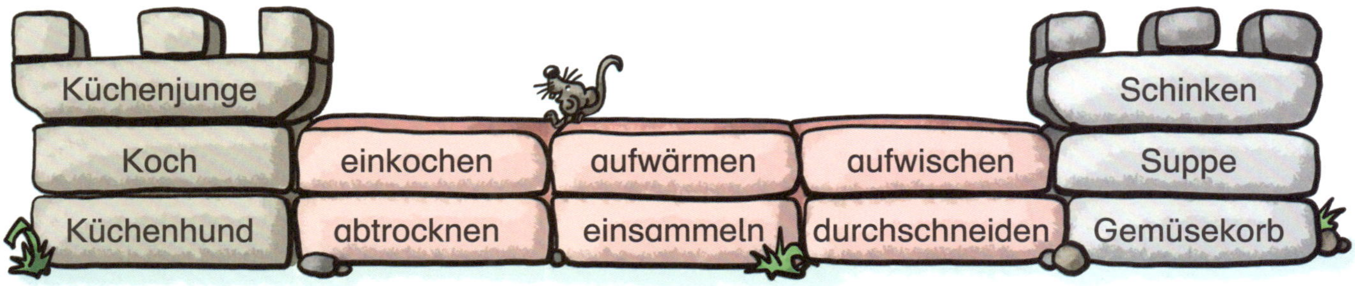

3 Finde aus deinen Satzfächern von Seite 35 den Satzfächer mit dem zweigeteilten Prädikat. Überprüfe, ob du beide Teile markiert hast.

7 Die Wen- oder Was-Ergänzung bestimmen

Die **Wen- oder Was-Ergänzung** (Akkusativobjekt) ist auch ein Satzglied.
Ich frage danach: **Wen** oder **was**?
Die Kinder sammeln Pilze und Beeren.
Wen oder was sammeln die Kinder? Pilze und Beeren

1 Stelle in jedem Satz die Frage Wen oder was?
Schreibe die Fragen und die Antworten auf.

Heft 1, Seite 38 ①
Wen oder was sammeln die Kinder?
Pilze und Beeren.
...

Die Kinder sammeln Pilze und Beeren.

Die Knappen jagen Wildschweine.

Die Frauen aus dem Dorf pflücken Kräuter und Gräser.

2 Schreibe aus den Mauersteinen sinnvolle Sätze oder Unsinnsätze auf. Unterstreiche die Wen- oder Was-Ergänzung.

Heft 1, Seite 38 ②
Die Bauern bauen Mäuse.
...

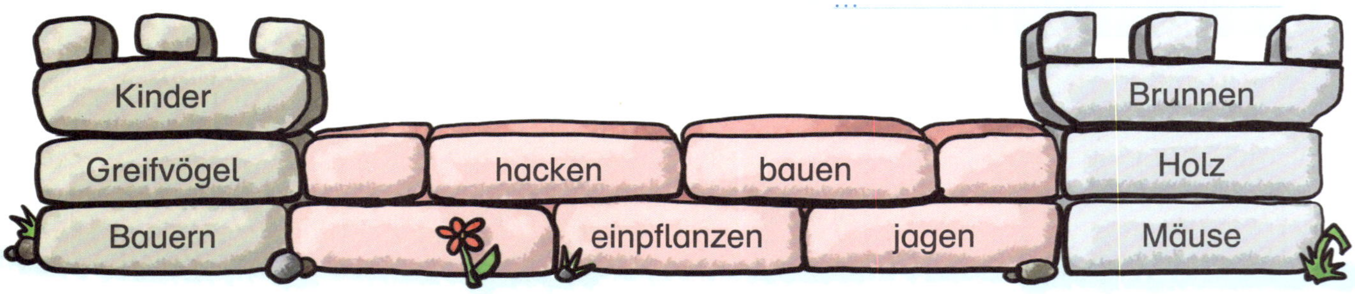

3 Finde auf deinen Satzfächern von Seite 35 die Wen- oder Was-Ergänzungen. Schreibe auf die Rückseite die passenden Fragen und Wen- oder Was-Ergänzung.

7 Die Wem-Ergänzung finden

Die **Wem-Ergänzung** (Dativobjekt) ist auch ein Satzglied.
Ich frage danach: **Wem**?
Der Burgwächter erklärt dem Händler den Weg.
Wem erklärt der Burgwächter den Weg? dem Händler

1 Stelle die Fragen nach der Wem-Ergänzung.
Schreibe die Fragen und kurze Antworten auf.

Heft 1, Seite 39 ①
Wem erklärt der Burgwächter den Weg?
dem Händler
…

Der Burgwächter erklärt dem Händler den Weg.

Der Wachsoldat öffnet den Dorfbewohnern das Tor.

Der Stallmeister bringt dem Ritter neue Pferde.

Die Bauern liefern dem Burgherren Getreide.

2 Bilde eigene Sätze mit Subjekt,
Prädikat und der Wem-Ergänzung.
Du kannst die Prädikate aus
der Burgmauer verwenden.
Unterstreiche die Satzglieder
in verschiedenen Farben.

Heft 1, Seite 39 ②
Die Küchenjungen helfen den Köchinnen.
…

helfen – gehören – folgen – schmecken – zuhören

3 Finde auf deinen Satzfächern von Seite 35
die Wem-Ergänzungen (Dativobjekte).
Schreibe auf die Rückseite die passenden
Fragen und Wem-Ergänzung.

7 Nach Satzgliedern fragen

1 Frage in jedem Satz bei den fett gedruckten Wörtern nach dem Satzglied. Schreibe Frage und Antwort auf.

2 Unterstreiche das Satzglied, nach dem du gefragt hast, in der passenden Farbe.

Heft 1, Seite 40 ①+②
Wem gehörte Bibernell?
Igraines Familie.
Was …
…

- Die Frage nach dem Subjekt:
  Wer oder **was?**
- Die Frage nach dem Prädikat:
  Was tut jemand? oder **Was geschieht?**
- Die Frage nach der Wen- oder Was-Ergänzung:
  Wen oder **was?**
- Die Frage nach der Wem-Ergänzung:
  Wem?

Igraine Ohnefurcht

Seit mehr als dreihundert Jahren gehörte Bibernell **Igraines Familie**.
Die Burg war nicht groß. Aber für Igraine **war** es die schönste Burg der Welt.
Das Burgtor bewachten zwei Steinlöwen.
Hoch oben auf einem Mauersims hockten **sie**.
Wenn sich ein Fremder näherte, fletschten sie die **steinernen Zähne**.
Die Löwen waren nicht die einzigen Wächter auf Bibernell. Von den Mauern blickten steinerne Fratzen herab, die **jedem Fremden** fürchterliche Grimassen schnitten.

Ihre breiten Münder konnten **Kanonenkugeln** schlucken.
Brandpfeile zerknackten sie, als gäbe es nichts Schmackhafteres auf der Welt.
Zum Glück jedoch hatten **die Steinfratzen** schon lange keine Pfeile oder Kanonenkugeln mehr zwischen die Zähne bekommen.
Bibernell war seit vielen Jahren nicht mehr angegriffen worden. Früher war es weniger friedlich zugegangen, denn Igraines Familie besaß **Zauberbücher**.
Raubritter, Herzöge, Barone, ja sogar zwei Könige **hatten** Bibernell **überfallen**.
Doch **sie alle** waren erfolglos wieder davongezogen.

Cornelia Funke

→ AH Seite 52, 53

7 Die Ergänzung des Ortes bestimmen

Die **Ergänzung des Ortes** ist auch ein Satzglied.
Ich frage danach: **Wo**?, **Wohin**? oder **Woher**?
Kunibert schläft im Stall.
Wo schläft Kunibert? im Stall

1 Stellt euch gegenseitig Fragen zur Bestimmung des Ortes.

klettert	in den Burggraben
schleicht	aus dem Verlies
schläft	im Burghof
sitzt	auf ihr Land
stöbert	im Waschzuber
blickt	in der Kemenate

2 Schreibe Kuniberts Weg durch die Burg auf. Denke an das Komma bei der Aufzählung. Unterstreiche die Ergänzungen des Ortes.

Heft 1, Seite 41 ②
Kunibert klettert in den Burggraben,
schläft in …
…

3 Finde weitere Orte, an denen Kunibert vorbeikommt, und zähle sie auf.

4 Finde auf deinen Satzfächern von Seite 35 die Ergänzungen des Ortes.
Schreibe auf die Rückseite die passenden Fragen und Ergänzung des Ortes.

7 Die Ergänzung der Zeit bestimmen

Die **Ergänzung der Zeit** ist auch ein Satzglied.
Ich frage danach: **Wann**?, **Wie oft**? oder **Wie lange**?
Kunigunde lernt mittwochs nach der Mittagsruhe Fallen bauen.
Wann lernt Kunigunde Fallen bauen? mittwochs nach der Mittagsruhe

	Mo.	Di.	Mi.	Do.	Fr.
8–10 Uhr	*Im Sommer:* jagen *Im Winter:* Pferdepflege	*Im Sommer:* reiten *Im Winter:* Pferdepflege	*Im Sommer:* reiten *Im Winter:* Feuer machen	*Im Sommer:* jagen *Im Winter:* Freizeit	*Im Sommer:* reiten *Im Winter:* Pferdepflege
10–12 Uhr	nähen und stricken		Wappenkunde	nähen und stricken	Feuer machen
12 Uhr	Mittagessen um 12 Uhr				
Burgenruhe bis 14 Uhr					
14–16 Uhr	Fährten lesen	schnitzen	Fallen bauen	Heilpflanzenkunde	Freizeit
16–18 Uhr	schnitzen	*Im Winter:* musizieren und singen *Im Sommer:* Freizeit		*Im Winter:* musizieren und singen *Im Sommer:* Freizeit	

1 Stellt euch gegenseitig Fragen zu Kunigundes Stundenplan.

2 Schreibe den Text ab und unterstreiche alle Satzglieder in verschiedenen Farben.

Seit vielen Jahren lebt Kunigunde auf Burg Stolzenfels. Alle Kinder reiten von Frühjahr bis Herbst durch die Wälder. Im Winter versammeln sich die Burgbewohner in der Halle. Im Sommer gehen alle zweimal in der Woche jagen.

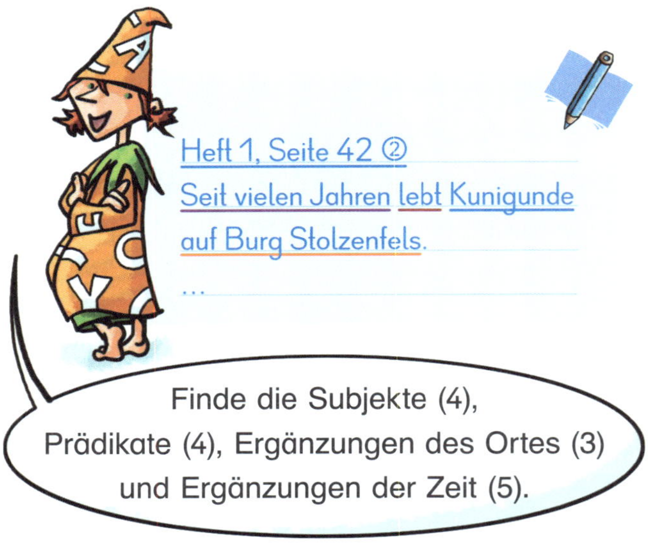

7 Mit Satzgliedern bauen

1 Lies jede Satztreppe genau durch. Bestimme die Satzglieder.
Schreibe von jeder Treppe die unterste Zeile auf.
Bestimme die Satzglieder und unterstreiche sie in den passenden Farben.

Unsere Klasse
Unsere Klasse unternahm
Unsere Klasse unternahm vor den Ferien
Unsere Klasse unternahm vor den Ferien einen Ausflug
Unsere Klasse unternahm vor den Ferien einen Ausflug zu einer mittelalterlichen Burg.

Der Fremdenführer
Der Fremdenführer erklärte
Der Fremdenführer erklärte uns
Der Fremdenführer erklärte uns auf unserem Rundgang
Der Fremdenführer erklärte uns auf unserem Rundgang die ganze Burganlage.

Bis abends
Bis abends erkundeten
Bis abends erkundeten wir
Bis abends erkundeten wir mit unseren Freunden
Bis abends erkundeten wir mit unseren Freunden den Burggraben.

2 Verfasse passend zu zwei Treppen eigene Treppensätze.

3 Denke dir eigene Treppensätze aus. Schreibe und zeichne dazu.
Du kannst auch den englischen Satz als Treppe aufschreiben.

In the morning | Laura | is riding | her horse | in the forest.

8 Redensarten kennen lernen

Redensarten zu verwenden heißt in Bildern zu sprechen.
Viele Bilder sind schon älter und damit schwierig für uns zu verstehen.
Manchmal muss ich Redensarten erst übersetzen, um sie zu verstehen.

1 Ordne die Redensarten den passenden Bildern und den Bedeutungen zu.

Heft 1, Seite 44 ①
1 B d, …
…

1 Lisa hat den Faden verloren.

2 Lisa fällt mit der Tür ins Haus.

3 Lisa stellt das ganze Haus auf den Kopf.

4 Lisa schneidet Tim das Wort ab.

5 Für Lisa hängt der Himmel voller Geigen.

6 Lisa bindet ihrer Schwester einen Bären auf.

a

b

c

d

e

f

A Lisa durchsucht etwas genau.

B Lisa hat vergessen, was sie sagen wollte.

C Lisa ist sehr glücklich.

D Lisa sagt ohne Vorrede, was sie zu sagen hat.

E Lisa lässt Tim nicht ausreden.

F Lisa lügt ihre Schwester scherzhaft an.

2 Male das fehlende Bild aus **1** in dein Heft.
Schreibe die Redensart dazu.

Heft 1, Seite 44 ②
…

8 Redensarten verstehen und erklären

1 Entscheide bei jeder Redensart, was sie bedeutet. Du kannst auch jemanden fragen.

Heft 1, Seite 45 ①
Mir kommt die Galle hoch. – Ich bin wütend.
...

Mir kommt die Galle hoch.

Ich bin wütend. | Mir ist schlecht.

Ich habe den richtigen Riecher.

Meine Nase ist genau richtig groß. | Ich habe eine Vorahnung.

Ich wickle dich um den kleinen Finger.

Ich besiege dich. | Ich beeinflusse dich.

Ich gehe mit dem Kopf durch die Wand.

Ich bin unvorsichtig und stoße mich. | Ich setze mich unnachgiebig durch.

Ich trage mein Herz auf der Zunge.

Ich spreche aus, was ich empfinde. | Ich habe starkes Herzklopfen.

2 Erkläre eine dieser beiden Redensarten mit eigenen Worten.

Heft 1, Seite 45 ②
...

Ich schnappe jemandem etwas vor der Nase weg. | Ich bin mit einem blauen Auge davongekommen.

3

→ AH Seite 59

8 Tierische Redensarten richtig aufschreiben

1 In jede Redensart hat sich ein falsches Tier eingeschlichen. Schreibe alle Sprichwörter mit den richtigen Tieren auf.

Heft 1, Seite 46 ①
Hunde, die bellen, beißen nicht.
...

Heuler, die bellen, beißen nicht.

Ein blindes Entchen findet auch einmal ein Korn.

zwei Bienen mit einer Klappe schlagen

jemandem einen Wolf aufbinden

Hase haben

besser der Wurm in der Hand als die Taube auf dem Dach

Ist die Katze aus dem Haus, tanzen die Hunde auf dem Tisch.

die Schlange im Sack kaufen

sich wie ein Affe im Porzellanladen benehmen

aus der Ameise einen Elefanten machen

Da ist der Frosch drin.

2 Wähle eine Redensart.
Nimm dir ein quadratisches Blatt,
knicke oben und unten einen Streifen um.
Schreibe in den oberen Streifen
die Redensart und in den unteren
Streifen die Bedeutung.
Jetzt drehst du das Blatt um
und malst die Redensart auf.
Zeige einem anderen Kind das Bild.
Lass es die Redensart erraten.

8 Aus Redensarten Wort-Bilder gestalten

1 Finde den **Stein im Brett**.

```
B R E T T B R E T T B R E T T B R E T T B R E T T B R E T T B R E T T
B R E T T B R E T T B R E T T B R E T T S T E I N B R E T T B R E T T
B R E T T B R E T T B R E T T B R E T T B R E T T B R E T T B R E T T
B R E T T B R E T T B R E T T B R E T T B R E T T B R E T T B R E T T
```

2 Ordne die Redensarten und deren Bedeutung den Wort-Bildern zu.

Heft 1, Seite 47 ②
1 C c
...

1

2

```
S U P P E S U P P E S U P P E
S U P P E S U P P E S U P P E
S U P P E H  A  A R S U P P E
S U P P E S U P P E S U P P E
          S U P P E
```

3

```
            S T A M M
            S T A M M
            S T A M M
            S T A M M
            S T A M M
            S T A M M
            S T A M M
            S T A M M
            S T A M M
A P F E L   S T A M M
```

4

```
        H O S E H O S E
      H O S E     H O S E
    H O S E         H E R Z
  H O S E             H O S E
H O S E                 H O S E
```

A ein Haar in der Suppe finden

B Das Herz rutscht in die Hose.

C Jemand hat nur Stroh im Kopf.

D Der Apfel fällt nicht weit vom Stamm.

a Kinder sind ihren Eltern ähnlich

b immer das Schlechte sehen

c dumm sein

d plötzlich große Angst bekommen

3 Gestalte selbst ein Wort-Bild oder ein Bild zu einer Redensart. Du kannst aus diesen Redensarten eine auswählen.

- wie eine Made im Speck leben
- die Flinte ins Korn werfen
- Da liegt der Hase im Pfeffer.
- die Katze aus dem Sack lassen
- Jemandem ist eine Laus über die Leber gelaufen.
- eine Eselsbrücke bauen

Einsterns Schwester 4

Themenheft 1

Sprache untersuchen

Herausgegeben von: Roland Bauer, Jutta Maurach

Erarbeitet von: Annette Schumpp, Jutta Sorg und der Redaktion Primarstufe

Redaktion: Mirjam Löwen

Illustration: Yo Rühmer

Umschlaggestaltung: klein & halm, Berlin

Layout und technische Umsetzung: Katrin Tengler

Textquellen

23 Thilo: Aus: Wickie auf großer Fahrt (Ausschnitte). Der Roman zum Film. Ravensburg, Ravensburger Buchverlag 2011

26–28 Funke, Cornelia: Aus: Hände weg von Mississippi (Ausschnitte, gekürzt). Hamburg, Cäcilie Dressler Verlag 1997

29 Dumon Tak, Bibi: Das Seepferdchen (Ausschnitt). Aus: Kuckuck, Krake, Kakerlake. Aus dem Niederländischen von Meike Blatnik. Berlin, Berlin Verlag GmbH 2009

40 Funke, Cornelia: Igraine Ohnefurcht (Ausschnitt, gekürzt, verändert). Aus: Igraine Ohnefurcht. Hamburg, Cäcilie Dressler Verlag 2007

Bildquellen

17 www.fahrrad.de (Trekking-Rad); Cornelsen Verlagsarchiv

18 OPEL AG/Pressebild/Archiv; Cornelsen Verlagsarchiv (Dunlop)

20 © Museum Tinguely, Basel

21 Bookmarks 2009/Kestner-Gesellschaft Hannover (Leibniz); Apple/Pressebild; Deutsches Museum München (Zuse)

23 Wickie auf großer Fahrt (Filmplakat), Constantin Film

25 Katrin Engelking. Aus: Pippi Langstrumpf. Hamburg, Oetinger Verlag 2007

26–28 Aus: Funke, Cornelia/Holler, Lothar: Hände weg von Mississippi. Mit Filmbildern. Hamburg, Cäcilie Dressler Verlag, Sonderausgabe 2007

31 © 1998 United Feature Syndicate Inc./© 2011 Bulls Press

32 © Bulls Pressedienst, Frankfurt/M.

40 Funke, Cornelia: Igarine Ohnefurcht. Hamburg, Jumbo Neue Medien 2004

www.cornelsen.de

1. Auflage, 1. Druck 2012

Alle Drucke dieser Auflage sind inhaltlich unverändert und können im Unterricht nebeneinander verwendet werden.

© 2012 Cornelsen Verlag, Berlin

Das Werk und seine Teile sind urheberrechtlich geschützt.
Jede Nutzung in anderen als den gesetzlich zugelassenen Fällen bedarf der vorherigen schriftlichen Einwilligung des Verlages.
Hinweis zu den §§ 46, 52 a UrhG: Weder das Werk noch seine Teile dürfen ohne eine solche Einwilligung eingescannt und in ein Netzwerk eingestellt oder sonst öffentlich zugänglich gemacht werden.
Dies gilt auch für Intranets von Schulen und sonstigen Bildungseinrichtungen.

Druck: Stürtz GmbH, Würzburg

ISBN 978-3-06-080157-2

Inhalt gedruckt auf säurefreiem Papier aus nachhaltiger Forstwirtschaft.